Mardi 18 , *& jours fuivants , on vendra les deſſins , eſtampes en feuilles , en volumes & fous verre ; & Mardi* 25 *& jours fuivants , les tableaux , bronzes , plâtres , &c.*

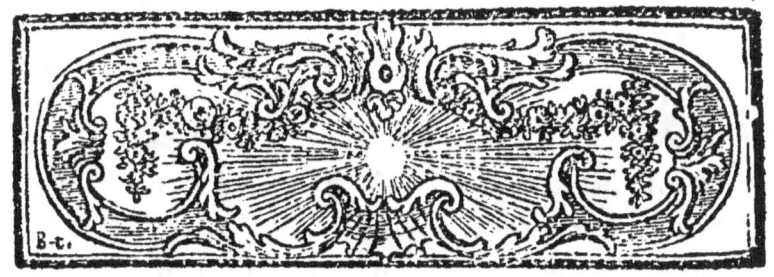

NOTICE

D E différents Objets de Curiosité, provenants du Cabinet de M. **, le pere, Peintre Flamand ; savoir, Tableaux, Bronze, deſſins, Eſtampes en feuilles & en volumes, plâtres, pierres à broyer, couleurs, &c. dont la Vente ſe fera le Mardi 18 Juin, de relevée, & jours ſuivants, à l'Hôtel d'Eſpagne, rue Dauphine.

Tableaux.

1 RÉJOUISSANCE du Roi-boit; tableau d'un bon ſtyle, par M. Eiſen, le pere.

2 Autre tableau par le même, ſujet d'une Critique relatif aux Brocanteurs. Ce tableau eſt une badinerie qui a été faite à Bruxelles, & qui n'attaque en aucune façon les vrais

A

Marchands de Tableaux, qui font pour la plupart Artiftes & bons connoiffeurs.

3 Deux tableaux ; jeux d'enfants, agréablement faits par le même.

4 Plufieurs jolis petits tableaux de différents genres, par le même, qui feront détaillés.

5 Deux petits fujets par M. Robert, repréfentants une blanchifferie & un cellier

6 Petit payfage avec figures, par le Gafpre.

7 Sainte Famille, belle copie d'après l'Albane, par Boulogne.

8 Deux payfages avec figures, par Chavane.

9 Deux autres par le même.

10 Tableau de Canard, peint d'une grande vérité par Ryfbrac.

11 Payfage par Lajoue, de fon bon temps.

12 Petit tableau fur cuivre, d'un grand précieux, repréfentant un payfage rempli d'oifeaux de différentes efpeces, par V. Keffel.

13 Autre fur cuivre, fujet d'hiver, où différents perfonnages font occupés aux chofes relatives à cettefaifon.

14 Une Aſſomption par Champagne, auſſi ſur cuivre.

15 Petit tableau, ſujet de Manege.

16 Diane, Actéon, Vénus & Adonis. Ces deux tableaux ſont d'un pinceau moëlleux, attribués à l'Albane.

17 Un ſujet de guinguette, dans le goût du Nain.

18 Marine par V. Velde.

19 Beau payſage repréſentant une maiſon ruſtique, par Fouquiere.

20 Tableau d'une bonne couleur, par un Peintre Flamand. Le ſujet eſt un payſage, dans lequel un homme dans la forme du Pere Silene, aſſis au pied d'un arbre, à côté d'une femme Faune, & pluſieurs enfants ſont occupés à des raiſins, &c.

21 Deux payſages très-agréables, par Franciſque.

22 Autres payſages avec figures & animaux.

23 Petite Marine de Peterſe.

24 Tête d'enfant peinte par M. Aubry.

25 Eſquiſſe par M. Fragonard.

26 Belle Marine, ſtyle de M. Vernet.

27 Deux agréables payſages par Weirotter.

28 Buſte d'Henri IV, de bronze,
ſur un ſocle doré d'or-moulu, de
cinq pouces & demi de haut.

29 Bas-relief d'Henri IV, de bronze,
ſur un fonds de marbre blanc,
forme ovale, bordure dorée.

29 *bis*. Deux autres bas reliefs auſſi
de bronze.

30 Pluſieurs jolis tableaux de différents
Maîtres, qui ſeront diviſés ainſi que
les bas-reliefs en plâtre, dont des enfants d'après François Flamand; pierres à broyer, couleurs, chambre noire & autres objets curieux & utiles
aux Amateurs, Artiſtes, &c.

ESTAMPES EN FEUILLES.

SUITE de Sujets d'après Watteau,
par différents bons Graveurs, de-
puis le No. 31 juſqu'au No. 38,
par pendants la plupart.

31 Dix pieces; Comédiens Italiens,
Comédiens François, la Perſpec-
tive, le paſſe-temps, l'Amour pai-

fible , leçons d'Amour ; amufe-
ments champêtres , départ de gar-
nifon, efcorte d'équipages, & camp-
volant.

32 La férénade Italienne , la colla-
tion , le Jaloux , les charmes de la
vie , départ des Comédiens Italiens
en 1697 , Colin-Maillard , Entre-
tiens amoureux , l'Ile enchantée &
la Mufette , faifauts en tout dix
pieces.

33 Huit ; Antoine de la Roque ,
Fêtes Vénitiennes , les agréments
de l'été , la danfe payfanne , la caf-
cade , enlèvement d'Europe , le bal
champêtre , & promenade fur les
remparts.

34 Huit ; le concert champêtre , la
partie quarrée , la contredanfe ,
Fêtes au Dieu Pan , l'Ile de Cithere,
les enfants de Bacchus , l'Amour
mal accompagné.

35 Huit ; la Lorgneufe , le Lorgneur,
la converfation , le plaifir paftoral,
récréation Italienne , la propofition
embarraffante , la chûte d'eau , &
le bofquet de Bacchus.

36 Trente-quatre différents fujets des
moyennes pieces.

A iij

37 Dix ; la Sainte Famille, l'occupation selon l'âge, les quatre Saisons en sujets de modes, & les quatre Saisons en sujets historiques.

38 Treute·deux pieces Arabesques, &c.

39 L'œuvre de Vouet, contenant cent vingt-six pieces.

40 Recueil de différents caracteres de têtes de la colonne Trajane, principes de dessin & autres divers sujets, faisants cinquante - cinq pieces.

41 Douze sujets d'aprés Mrs Chardin, Eisen, le pere, Schenau, &c.

42 Dix-sept d'après M. Eisen, le pere, par Dupuis, Macret, &c.

43 Trente manieres de crayon, par de Marteau.

44 Quàrante par le même.

45 Sept pieces, dont Tabite, par Blœmaert, & le pont-neuf par La-belle, avant la girouette.

46 Le Bénédicité de Van - Haften, Chasse par Callot, & quinze autres sujets d'après Oftade, payfages, &c.

47 Cinq portraits par Edelinck & Salvador, dont celui de François Foucher.

48 Dix autres , dont celui de la mere de Rigaud , par Drevet.

49 La Gallerie du Luxembourg , d'après Rubens , de vingt - deux pieces , anciennes épreuves.

50 Sept pieces d'après Uleughels , le Brun , Silveſtre , &c. dont Renaud & Armide , avant la Lettre , par Chaſteau.

51 Six d'après Jouvenet , le Guide , &c. dont l'éducation de la Vierge , gravées par Drevet , très - belles épreuves.

52 Douze d'après Coipel , par Desplaces , Thomaſſin , &c.

53 Fête de Village & réjouiſſançe Flamande , d'après Teniers , par le Bas , anciennes épreuves.

54 Les quatre Eléments d'après Boullogne , par Dupuis & Deſplaces.

55 Six pieces , dont le Parnaſſe , d'après L. Garnier , par Audran.

56 Mlle Dangeville d'après Parter , par le Bas ; quatre ſujets d'après Boucher , par Aveline & Ouvrier , & un ſujet d'après Teniers , par Halbou , avant la Lettre.

57 Le Sultan galant & la Sultane favorite , d'après M. Jeaurat , pa

A iv

Halbou ; les Villageois de l'Apen-
nin & les Jardinieres Italiennes ,
d'après M. Pierre , & vues des
Alpes , & pendant d'après M. Vernet , par Ouvrier.

58 Vingt-six pieces de l'œuvre de
Vander-Meulen, sujets de batailles,
prises de Villes , &c.

59 Le Bénédicité & le Saint Charles
d'après le Brun , par Edelinck , anciennes épreuves.

60 Quatre pieces d'après Jouvenet,
dont la Présentation de la Vierge
au Temple , & le Mariage.

61 Deux Test. d'après Erasme , par
Bolswert , & le combat des quatre
Cavaliers , par Edelinck.

62 Six sujets divers d'après le Sueur ,
dont une descente de Croix par
Duflos.

63 Sept , par Poilly , dont S. Jean
dans l'Isle de Pathmos , avant la
Lettre.

64 Cinq d'après le Poussin , le Brun,
Lemoine , &c.

65 Cinq d'après Raphaël , le Guide,
le Brun , &c. dont Eliodore par
Baillieu.

66 Cinq d'après Poussin , Mignard,

&c. dont la pefte , gravées par Audran.

67 Six , dont le Calvaire de Stella , ancienne épreuve.

68 Les fept Sacrements de Pouffin ; par Pefne.

69 Les quatre Saifons de Pouffin , par Pefne & Audran.

70 La Pêche miraculeufe , le repas chez le Pharifien , les Vendeurs chaffés du Temple , & la guérifon des Paralytiques , d'après Jouvevenet , par Audran , Defplaces & Duchange.

71 Cinq fujets divers d'après Coipel , dont la colere d'Achille , par Tardieu.

72. Six portraits , dont celui de M. le Normand , par Dupuis.

73 Louis XIV , épreuve de toute beauté , par Drevet.

74 Cent quinze payfages d'Herman , Perelle , Van Velde , &c.

75 Dix pieces , dont les quatre fujets d'Hercule , d'après le Guide , par Rouffelet.

76 Trois portraits & trois fujets faints d'après Vandick , dont le Chrift au Capucin.

77 Le grand Chrift à l'éponge, d'après le même, par Bolfwert, épreuve bien confervée, fans main fur l'épaule.

78 Trois pieces d'après le même, dont une Vierge, par Salvador.

79 Cinq autres fujets d'après le même, par Bolfwert, Suyers & Pontius.

80 Trois autres, dont le Chrift au rofeau, eau-forte, par Vandick.

Suite de Rubens, depuis le N° 81 jufqu'au N° 103.

81 La Continence de Scipion, Adoration des Bergers, Chrift en croix, par Bolfwert; & retour d'Egypte, par Vorfterman.

82 Trinité, fuite en Egypte, & Chrift où l'on voit la ville de Jérufalem, par Bolfwert.

83 Silene foutenu par un Satyre, Vénus fur les eaux, par Vorfterman, & fix païfages par Bolfwert.

84 Sainte Cecile, Sainte Famille, par Bolfwert; Adoration des Rois par Lommelin; Eccé-Homo par

Corn. Galle, & la Vierge aux Anges par Corn. Viſſcher.

85 La chûte des Réprouvés, par Suyderhoef; & le Jugement dernier, par Corn. Viſſcher.

86 Onze ſujets différents, dont Loth ſur le fumier, par Vorſterman.

87 Le denier de Céſar, Ixion, & trois autres pieces, par Vorſterman, Soutman, Bolſwert, &c.

88 Huit pieces, dont S. François, par Corn. Viſſcher.

89 Quatre pieces, dont l'Adoration des Bergers, par Vorſterman.

90 Adoration des Rois, piece en hauteur; David & Abigail, par Lommelin.

91 L'entrée du Prince Ferdinand, Infant d'Eſpagne, dans la ville d'Anvers, de quarante morceaux.

91 bis. Trente-ſept titres de Livres, Vignettes, &c.

92 Le Livre à deſſiner complet; de plus, les Philoſophes faiſant douze pieces; en tout 37 épreuves.

93 Loth ſortant de Sodome, les Anges apparoiſſant aux Saintes Femmes, par Vorſterman; & l'é-

ducation de la Vierge, par Boſ-
wert.

94 Sept pieces, dont cinq, gravure
en bois.

94 *bis.* Melchiſedech, Notre-Seigneur
porté au tombeau, par Wildouc ;
& l'Adoration des Bergers, grande
piece, par Vorſterman.

95 Cinq pieces, dont deux Aſſom-
ptions, par Vildouc & Bolſwert.

96 S. Michel foudroyant les mauvais
Anges, par Vorſterman ; le Serpent
d'airain, Jéſus préſenté au peuple,
par Bolſwert ; & un autre ſujet
allégorique, par Suyers.

97 Le couronnement de la Vierge,
Préſentation de Jéſus au temple,
par Pontius ; Viſitation par De-
jode, & un Chriſt par Sompelen.

98 Le grand Maſſacre des Innocents,
par Pontius, & trois autres ſujets.

99 Le Martyre de S. Thomas Apôtre,
par Neeffs.

100 Le tombeau de Rubens, par
Pontius.

101 Deſcente de croix, par Clou-
wet.

102 Jéſus crucifié entre les deux

Larrons, un foldat lui perce lè côté, par Bolfwert.

103 La Cene , épreuve ancienne, par Bolfwert.

104 Sept fujets d'après Jordeans, dont le martyre de Ste Apolline , par Martinus ; Jéfus devant Pilate, par Neefs, & deux autres pieces d'après Rubens.

105 Chrift d'après le même, par Bol- fwert, ançienne épreuve.

106 Vingt-neuf fujets par Albert- Durer , Lucas , &c. anciennes épreuves.

107 Cinquante-cinq fujets de la vie & paflion de Jéfus, & autres gra- vées en bois.

108 Le Jugement univerfel , de Jean Coufin , en huit feuilles.

109 Trente pieces d'après le Car- rache, Pierre de Cortone , fuite de galerie, &c. & la grande ba- taille de Conftantin d'après Ra- phaël.

110 Trois fujets de Vierge par Bloë- maert, dont celle aux lunettes d'a- près le Carrache.

111 Douze grandes vues de Rome, par Falda.

112 Quatre-vingt-quatre sujets d'après le Titien, & autres du cabinet de l'Archiduc d'Autriche, &c.

113 Neuf grandes pieces diverses, dont le lavement des pieds d'après le Mutien, par Desplaces.

114 Vingt-quatre pieces de bas-reliefs, sujets divers, de Perrier Mellan & autres.

115 Notre-Seigneur présenté au temple, grande piece de Rembrandt.

116 Les quatre têtes gravées au maillet, par Lutma.

117 Les six chefs-d'œuvre de Goltzius.

118 Six petites pieces de Théodore de Bry, dont l'âge d'or, le triomphe de Bacchus, &c.

119 Quatorze sujets par Vieris, Martin, Devos & autres.

120 Soixante-quatre Marines, Paysages, & sujets, par Visscher, Ostade, Ruydael, &c.

121 Trente-trois sujets détachés de la Bible de Saurin, d'après Hoet & autres.

122 Six paysages & sujets de N. Brouin.

123 Grand payſage gravé à Londres par Browne, d'après Rubens.

124 Ceix & Alcione, par Woollett, premiere épreuve.

125 L'œuvre de K. Dujardin, com-poſé de cinquante-deux pieces bien conſervées.

126 L'œuvre de Nothnagel, compoſé & gravé par lui-même, contenant cinquante-une épreuves de beau choix.

127 Une ſuite de ſoixante payſages des plus ragoûtans, de l'œuvre de Weirotter, gravés par lui même.

128 Dix portraits & ſujets, maniere noire, par Smith & autres.

129 Neuf autres, par Houſton, &c.

130 Sept autres, dont le portrait de Jean-Jacques Rouſſeau, & la Reine d'Angleterre.

131 Seize portraits divers, ſuperbes épreuves, dont l'Avocat, le grand Condé, &c.

132 Samuel Bernard, d'après Rigaud, par Drevet.

133 Neuf portraits de femmes cé-lebres, dont la Mere de Louis XIV, Madame de Caylus, &c.

134 Quatorze autres, dont la Reine de France régnante, M. Neſtier, &c.

135 Soixante-ſix portraits par Kilian & autres.

136 Dix-ſept petits portraits, par Ficquet, Edelinck, Drelet, &c

137 Seize ſujets divers, d'après Le Sueur, &c.

138 Quatorze pieces en maniere de lavis, par Bartholozi, M. de Saint-Nom, &c.

139 Douze, par Demarteau & autres.

140 Quatre grandes pieces, d'après le Carrache, Jouvenet, &c.

141 Dix-ſept pieces d'architecture, & ruines, de Biblien, Lucatelly, & M. Machi.

142 Soixante petits ſujets, payſages, &c. d'après M. Cochin, Cignani & autres.

143 Douze pieces d'après le Pouſſin, Le Sueur & autres.

144 Quarante-deux manieres noires, gravées en Allemagne.

145 Trente divers ſujets, d'après le Pouſſin, Langetti, Oſtade, Teniers, &c.

146 Trois pieces d'après Rubens &
Vandick, dont le Satyre au raisin,
par Voet.

147 Six pieces d'après les mêmes &
autres.

148 Six pieces de Gerad Seghers, &c.
dont Jésus apparoissant à la Ma-
deleine, par Neefs.

149 Soixante-deux pieces, par Villa-
mene, Stradan & autres, dont une
suite de la vie de la Vierge.

150 Cent soixante pieces de différents
sujets.

151 Quatre-vingt-douze, paysages,
sujets & autres de différents genres.

152 Deux cents quarante-six, paysages, portraits, ornemens, chiffres
& autres.

153 Deux cents trente-quatre divers
sujets, paysages, figures, spheres,
&c.

154 Sainte-Famille d'après Carl-
Maratte, maniere noire par Smith,
épreuve avant la retouche.

155 Les batailles d'Alexandre, par
B. Audran ; superbes épreuves.

156 Tête de Satyre, dessins par Rubens.

157 Figure d'homme en pied, habillé dans le coſtúme Flamand, belle étude de Rubens.

158 Deſſin au biſtre d'un homme aſſis, dans un effet de clair-obſcur piquant, de Rembrandt.

159 Sept Deſſins des plafonds des Jéſuites d'Anvers, que l'on aſſure de Jacob de Wit, peintre Hollan-dois.

160 Naiſſance de Jéſus, deſſin au biſtre par Bourdon.

161 Pluſieurs lots de Deſſins & Eſ-tampes de Rubens, & autres qui feront détaillés.

Recueils & Volumes d'Eſtampes.

162 Les Métamorphoſes d'Ovide, contenant cent cinquante ſujets, par Briot.

163 Deux petits Volumes oblongs, contenant près de quatre ſujets critiques & emblématiques.

164 Brochure contenant trente-trois vues d'Allemagne des plus agréa-bles, & une autre de ſoixante feuilles de ſerrurerie.

165 Le Temple des Muses, en 60 feuilles, par Bloemaert, &c.

166 La suite du plafond des Jésuites d'Anvers, de trente planches, par Punt d'après Rubens.

167 Les Nations du Levant, de cent épreuves, gravées d'après les tableaux peints d'après nature, par les ordres de M. de Ferriol, Ambassadeur du Roi à la Porte, mis au jour en 1712.

168 Les travaux d'Ulysse, peints à Fontainebleau par le Primatice, & gravées par V. Thulden.

169 Trois Brochures, contenant vue & ruines de Rome par Mercati, & ornements de Brunetty, &c.

170 Recueil de cent vues de Rome & de France, par Silvestre.

171 Traité de la maniere de graver en taille-douce par le moyen des eaux-fortes, vernis durs & mols ; le secret desdits vernis & eaux-fortes ; façon d'imprimer les planches, construire la presse, & autres choses concernant cet art, par A. Bosse.

172 Porte-feuille contenant plus de cent cinquante Médailles de l'histoire de Louis XIV, par Simonneau & autres ; des premieres épreuves, dont plusieurs sont rares.

174 Volume de quatre-vingt-huit pieces de sujets divers, par Le Pautre.

174 Volume de cent quatre-vingt-cinq petits sujets, par Labelle.

175 Recueil des meilleurs Dessins de Lafage, contenant cinquante-neuf pieces.

176 Volumes de Figures de différents caracteres, Paysages, &c. d'après Watteau ; eaux-fortes par les plus habiles Peintres & Graveurs, contenant trois cents quatre-vingt-dix-huit pieces, y comprenant six études de sujets dessinés à la sanguine.

177 Gallerie complette du Président Lambert, belles épreuves.

178 Plusieurs petits Recueils qui seront vendus séparément.

Lu & Approuvé, ce 15 Juin 1776. CREBILLON.

Vu l'Approbation, permis d'imprimer, ce 15 Juin 1776. ALBERT.

La NOTICE se diftribue chez le Sieur PIANGER, rue de la Comédie Françoife, à l'hôtel de la Fautriere.

De l'Imprimerie de DIDOT, 1776.

www.ingramcontent.com/pod-product-compliance
Lightning Source LLC
Chambersburg PA
CBHW030131230526
45469CB00005B/1908